VŒU
DE
LOUIS XIII.

Multitudo sapientium sanitas est orbis terrarum; et rex sapiens stabilimentum populi est.

Le grand nombre des sages est le salut du monde, et par sa sagesse, un roi assure la durée d'un Empire.

Livre de la Sagesse, Chap. 6, ⅴ. 26.

PUBLIÉ

Par M. l'Abbé DE SÉGUIN DE PAZZIS.

A PARIS,

Chez DEHANSY, Libraire, rue de Sorbonne, N°. 1.

M. DCCC. XIV.

VŒU
DE
LOUIS XIII.

Chaque année, le 15 Août, fête de l'Assomption de la très-sainte Vierge, une Procession, particulière à la France, a lieu dans toutes les églises et paroisses du royaume, en mémoire et pour l'accomplissement du Vœu de Louis XIII. Les Cours souveraines, Autorités administratives et Corps municipaux, y assistent en grande pompe. Les rues sont tapissées. L'air retentit du son des cloches. Le canon tonne de toute part. Dans les places de guerre les troupes bordent la haie. Les vaisseaux sont pavoisés dans les ports. C'est véritablement une fête nationale; expansion d'une reconnaissance toujours nouvelle envers la Reine du ciel, protectrice de la France.

Il est cependant à craindre qu'une erreur presque générale, ne fasse un jour prendre le change sur la véritable origine de cette institution précieuse. Un grand nombre de livres répètent, les uns après les autres, que l'intention de Louis XIII fut d'obtenir du ciel la fécondité de la Reine, et la naissance d'un fils. D'autres attribuent ce Vœu à la joie extrême du monarque, lorsque la première grossesse d'Anne d'Autriche en 1638, après vingt-trois ans de mariage, fit espérer tout-à-coup à la France de voir naître un Dauphin. Ainsi, tantôt Louis XIII est redevable à ce Vœu, du bonheur d'avoir un fils ; tantôt ce Vœu doit être regardé comme une éclatante action de graces de la grossesse de la Reine (1). Et on n'a point apperçu, qu'en bornant à une intention particulière, à un fait isolé, à un évènement presque secondaire, la gratitude et la pensée du Monarque, on ôtoit réellement toute proportion entre ce bienfait individuel, et la perpétuité de la reconnaissance imposée à la nation. On n'a point fait attention à l'inconvenance de remercier le

---

(1) Presque tous les livres de prières et de dévotion. --- Alban Butler, 7e. vol. de la Vie des Saints traduite par Godescar : édition de Versailles, page 157, note *a*. --- Abrégé de l'histoire ecclésiastique, 2 vol. in-12. Paris, 1751. --- Fastes de Louis XV, date du 15 juillet 1738. --- Dictionnaire des Cultes. Paris, 1777, page 154. --- Dictionnaire historique de la ville de Paris; 1779, tome 3, pag. 648. --- etc.

Les historiens de Louis XIII, ou ne parlent point de son vœu, ou l'attribuent au motif que nous croyons le seul véritable. Nous ne citons point Levassor, qui accuse Louis XIII *d'avoir fait de la sainte Vierge une divinité payenne*. On sait qu'après avoir été oratorien, 47 ans bon catholique, avoir même composé divers ouvrages pieux et ecclésiastiques, Levassor embrassa la communion anglicane. Son histoire est un vrai libelle : il y injurie sans cesse Louis XIII et Louis XIV. Il perdit tout crédit en Angleterre, et mourut méprisé.

ciel de la naissance d'un prince, long-temps encore après sa mort. On n'a point senti que les générations futures concevraient toujours moins l'obligation d'acquitter, pour ainsi dire, une dette privée de Louis XIII. Ainsi cet acte religieux ne serait bientôt plus compris; et l'idée primitive de son institution étant altérée, l'établissement perdrait tout intérêt, manquerait son but (2).

Heureusement on va se convaincre que les véritables motifs du Vœu de Louis XIII ne furent point ceux qu'on suppose. Au moins est-il certain qu'aucune des intentions citées jusqu'ici ne se trouvent énoncées dans la déclaration solemnelle qui consacre ce Vœu. Cette déclaration est du 10 février 1638. Anne d'Autriche était grosse, mais de deux ou trois mois seulement. Il ne s'agissait donc plus de prier pour sa fécondité, et il n'était pas encore temps de s'en réjouir (3). A la vérité Louis XIII vit peut-être, dans cette grossesse si desirée, le comble des prospérités de son règne.

---

(2) La naissance du Dauphin qui fut depuis Louis XIV, a été sans doute un évènement d'autant plus important pour la France, que la famille de nos rois, s'est ainsi accrue des branches d'Espagne, de Naples et de Parme; mais cependant si Louis XIII n'avoit point eu d'enfans, la dynastie capétienne étoit loin de s'éteindre: Gaston pouvait faire souche; et au défaut des enfants d'Henri IV, le prince de Condé ne montait-il pas sur le trône?

(3) La Reine avait alors environ trente-sept ans, et était d'une complexion délicate.

Peut-être cette nouvelle faveur de la providence completta, en quelque sorte, l'enthousiasme du monarque, et détermina, s'il est possible de s'exprimer ainsi, cette belle explosion de piété chrétienne, d'honneur royal, et d'amour pour ses peuples. Mais Louis XIII ne parle ni de la grossesse de la Reine, ni de l'espérance de posséder bientôt un fils. Sa pensée vient de plus haut; sa reconnaissance a des motifs plus larges, plus nobles pour un roi, plus glorieux à la France.

Une notice historique est ici nécessaire. Louis XIII, par sa déclaration du 10 février 1638, ayant mis sa personne, sa couronne et la France, sous la protection spéciale de la sainte Vierge, la Procession du jour de l'Assomption eut lieu, pour la première fois, le 15 août 1638. Les intentions de Louis le juste furent non-seulement respectées après sa mort, mais suivies avec le plus grand zèle. La Procession était déjà nationale, et chaque année la France s'empressait de se consacrer de nouveau à la très-sainte Vierge, dont elle recevait sans cesse de nouvelles faveurs. C'est ce que nous apprenons d'une déclaration de Louis XIV, en date du 25 mars 1650, et par laquelle ce jeune roi, prêt à gouverner par lui-même (4), se plaît à reconnaître qu'il doit spé-

---

(4) La majorité de Louis XIV fut déclarée en 1651.

cialement à la protection de la Mère de Dieu, la conservation du royaume au milieu des troubles, qui viennent de l'agiter; renouvelle en conséquence la déclaratiou de son père; prend l'engagement d'assister autant que possible, chaque année, à la Procession solemnelle, et met sa personne, sa couronne et la France, aux pieds de MARIE, et sous son égide salutaire. En 1716, le Prince-régent parut, avec un cortège royal, à la cérémonie du 15 Août, et fit ainsi, au nom de l'enfant-roi, hommage à la sainte Vierge, du royaume dont il venait d'hériter de son glorieux bisayeul. Enfin, l'année 1738 étant la centième depuis le Vœu de Louis XIII, le roi Louis XV écrivit, le 21 juillet, une lettre remarquable aux cardinaux, archevêques et évêques; et pareille lettre encore, le premier août, aux Cours souveraines, au Corps-de-ville et au Gouverneur de Paris, renouvellant tout ce qui avait été ordonné par Louis XIII, et voulant que la Procession de cette année, centenaire de la consécration de la France à la sainte Vierge, soit célébrée avec encore plus de splendeur, d'affection et de piété.

Les trois déclarations, dont nous venons de parler, nous ont paru essentielles à recueillir. On les lira avec plaisir; nous osons même dire avec fruit. Elles respirent et inspirent la piété, et cette piété noble et élevée, qui constitue le véritable esprit du Christianisme. On apprendra particulièrement, par la déclaration de Louis XIII, qu'à ce monarque est dû l'usage pieux, et absolument général en France, de dédier à la très-sainte Vierge la principale Chapelle, dans toutes les églises qui ne sont point sous son invocation. On y verra comment Louis XIII, prenant l'engagement de faire construire et décorer à neuf le maître-autel de l'église de Notre-Dame de Paris, donne lui-même l'idée du magnifique grouppe qu'on y admire, exécuté depuis par Nicolas Coustou, représentant la Vierge assise entourée de quelques anges, et soutenant sur ses genoux la tête et une partie du corps du Christ, qu'on vient de descendre de la croix, laquelle surmonte l'ordonnance de cette composition (5). La lecture

---

(5) Cette partie du vœu de Louis XIII ne fut acquittée par Louis XIV qu'en 1699. Le groupe formant tableau du maître-autel ne fut même fini et placé qu'en 1723. La plaque de bronze scellée sous la première pierre de l'autel, porte l'inscription suivante :

LOUIS-LE-GRAND,
Fils de Louis-le-Juste, et petit-Fils d'Henri-le-Grand,
après avoir dompté l'hérésie,
rétabli la vraie Religion dans tout son Royaume,
terminé glorieusement plusieurs grandes guerres,
par terre et par mer,

de ces trois déclarations fera naître aussi une foule de pensées en harmonie parfaite avec les sentimens qui se manifestent si heureusement de toute part dans les circonstances présentes. Ces pièces sont d'ailleurs des monumens historiques que chaque français, attaché à ses rois et à la religion de ses pères, doit être jaloux de conserver. La première ne se trouve que dans un Ouvrage où on n'irait pas sans doute la chercher (6).

---

voulant accomplir le vœu du Roi son père,
et y ajouter les marques de sa piété,
a fait faire dans l'Eglise cathédrale de Paris,
un autel, avec ses ornemens d'une magnificence
au-dessus du premier projet,
et l'a dédié au Dieu des armées, maître
de la Paix et de la Victoire,
sous l'invocation de la Sainte Vierge,
patrone et protectrice de ses états.
L'an de N. S. 1699.

De chaque côté de l'autel on voyait autrefois, à droite la statue de Louis XIII à genoux, présentant à la Sainte Vierge sa couronne et son sceptre, et à gauche celle de Louis XIV dans une attitude à peu près semblable, comme ayant accompli cette partie du vœu de son père.

N. B. Ces deux statues ne sont pas encore replacées, mais on s'occupe de les rétablir.

(6) Traité de Police de Delamarre, 4 vol. in-fol. Paris, 1705, 1719, 1738.

On a lieu d'être étonné de ne point rencontrer les déclarations de

La seconde paraît n'avoir été connue d'aucun de ceux qui ont eu occasion de parler de la cérémonie du 15 Août (7). Nous ignorons si la troisième a jamais été imprimée ; les recueils les plus complets des plus grandes bibliothèques n'ont pu nous la fournir. Nous l'avons extraite des minutes de la secrétairerie d'Etat, aux archives royales (8). Il ne sera peut-être pas indifférent à certaines personnes, de comparer le langage de trois Souverains sur le même sujet, à des intervalles peu éloignés à la vérité, mais déjà marqués par des nuances distinctes. Un quatrième objet de comparaison s'offrira sans doute dans vingt-quatre ans, et rapprochera deux siècles.

Louis XIII et de Louis XIV, parmi les actes authentiques rapportés par Félibien et Lobineau, dans le premier volume de leur histoire de Paris. Sauval ne donne point le texte des deux déclarations, quoiqu'il en parle tome Ier., pag. 373 de ses Recherches sur les Antiquités de Paris.

(7) Le Rituel de Paris, édition de 1786, 3 vol. in-4., ordonne d'annoncer le Vœu de Louis XIII comme ayant été renouvellé par Louis XIV et Louis XV ; mais il ne rapporte aucune des déclarations, et ne dit point surtout qu'on doive en faire commémoration à la Messe du jour de l'Assomption ou du Dimanche précédent, ainsi que Louis XIII, Louis XIV et Louis XV l'ont ordonné, comme on le verra tout-à-l'heure. On peut faire le même reproche à tous les autres Rituels de France.

(8) Vol. E, 3424, année 1738, fol. 276.

DÉCLARATION
DU ROI LOUIS XIII.

LOUIS, par la grace de Dieu, roi de France et de Navarre, à tous ceux qui ces présentes Lettres verront, SALUT. Dieu, qui élève les rois au trône de leur grandeur, non content de nous avoir donné l'esprit qu'il départ à tous les princes de la terre pour la conduite de leurs peuples, a voulu prendre un soin si spécial et de notre personne, et de notre Etat, que nous ne pouvons considérer le bonheur du cours de notre règne, sans y voir autant d'effets merveilleux de sa bonté, que d'accidens qui nous pouvoient perdre. Lorsque nous sommes entrés au gouvernement de cette Couronne, la foiblesse de notre âge donna sujet à quelques mauvais esprits d'en troubler la tranquillité; mais cette main divine soutint avec tant de force la justice de notre cause, que l'on vit en même tems la naissance et la fin de ces pernicieux desseins. En divers autres tems, l'artifice des hommes, et la malice du diable, ayant suscité et fomenté des divisions non moins dangereuses pour notre couronne, que préjudiciables au repos de notre maison, il lui a plu en détourner le mal, avec autant de douceur que de justice; la rebellion de l'hérésie ayant aussi formé un parti dans l'Etat, qui n'avoit pour but que de partager notre autorité, il s'est servi de nous pour en abbattre l'orgueil, et a permis que nous ayons relevé ses autels, en touts les lieux, où la violence de cet injuste parti en avait ôté les marques. Si nous avons entrepris la protection de nos alliés, il a donné des succès si heureux à nos armes, qu'à la vue de toute l'Europe, contre l'espérance de tout le monde, nous les avons rétablis en la possession de leurs Etats, dont ils avoient été dépouillés : Si les plus grandes forces des ennemis de cette Couronne se sont ralliées, pour en conspirer la ruine, il a confondu leurs ambitieux desseins, pour faire voir à toutes les nations, que, comme sa providence a fondé cet Etat, sa bonté le conserve, et sa toute puissance le défend. Tant de graces si évidentes font, que, pour n'en différer pas la reconnoissance, sans attendre la paix, qui nous viendra, sans doute, de la même main dont nous les avons reçues, et que nous desirons avec ardeur, pour en faire sentir les fruits aux peuples qui nous sont commis ; nous avons cru être obligés, nous prosternant aux pieds de sa majesté divine, que nous adorons en trois personnes, à ceux de la sainte Vierge et de la sacrée croix, où nous révérons l'accomplissement des mystères de notre rédemption, par la vie et la mort du Fils de Dieu en notre chair, nous consacrer à la grandeur de Dieu par son Fils rabaissé jusqu'à nous ; et à ce Fils par sa mère élevée jusqu'à lui ; en la protection de laquelle nous mettons particulièrement notre personne, notre Etat, notre couronne et touts nos sujets, pour obtenir, par ce moyen, celle de la Sainte-Trinité, par son intercession, et de toute la Cour Céleste, par son autorité et exemple, nos mains n'étant pas assez pures pour présenter nos offrandes à la pureté même : Nous croyons que celles, qui ont été dignes de les porter, les rendront hosties agréables ; et c'est chose bien raisonnable, qu'ayant été médiatrice de ses bienfaits, elle le soit de nos actions de graces.

A CES CAUSES, nous avons déclaré et déclarons que, prenant la très sainte et très glorieuse Vierge pour protectrice spéciale de notre royaume, nous lui consacrons particulièrement notre personne, notre Etat, notre couronne et nos sujets, la suppliant de nous vouloir inspirer une si sainte conduite, et défendre, avec tant de soin, ce royaume contre l'effort de touts ses ennemis, que, soit qu'il souffre le fléau de la guerre, ou jouisse de la douceur de la paix, que nous demandons à Dieu de tout notre cœur, il ne sorte point des voies de la grace, qui conduisent à celles de la gloire. Et afin que la postérité ne puisse manquer à suivre nos volontés en ce sujet, pour monument et marque immortelle de la consécration présente que nous faisons, nous ferons construire de nouveau le grand autel de l'église cathédrale de Paris, avec une image de la Vierge, qui tiendra entre ses bras, celle de son précieux Fils descendu de la croix; nous serons représenté aux pieds et du Fils et de la mère, comme leur offrant notre couronne et notre sceptre : Nous admonettons le sieur Archevêque de Paris, et néantmoins lui enjoignons que, touts les ans, le jour et fête de l'Assomption, il fasse faire commémoration de notre présente déclaration à la grand-messe, qui se dira en son église cathédrale, et qu'après les vêpres dudit jour, il soit fait une procession en ladite église, à laquelle assisteront toutes les compagnies souveraines et le corps de ville, avec pareilles cérémonies que celles, qui s'observent aux processions générales plus solennelles. Ce que nous voulons aussi être fait en toutes les églises tant paroissiales, que celles des monastères de ladite ville et faubourg, et en toutes les villes, bourgs et villages dudit diocèse de Paris. Exhortons pareillement touts les Archevêques et Evêques de notre royaume, et néantmoins leur enjoignons de faire célébrer la même solemnité en leurs églises épiscopales, et autres églises de leurs diocèses; entendant qu'à ladite cérémonie, les **Cours de Parlement et autres Compagnies souveraines, les prin-**

cipaux officiers des villes y soient présents. Et d'autant qu'il y a plusieurs églises épiscopales, qui ne sont point dédiées à la Vierge, nous exhortons lesdits Archevêques et Evêques en ce cas, de lui dédier la principale chapelle desdites églises, pour y faire ladite cérémonie; et d'y élever un autel avec un ornement convenable à une action si célébre; et d'admonetter touts nos peuples d'avoir une dévotion particulière à la Vierge, d'implorer en ce jour sa protection, afin que, sous une si puissante Patrone, notre royaume soit à couvert de toutes les entreprises de ses ennemis; qu'il jouisse longuement d'une bonne paix, que Dieu y soit servi et révéré si saintement, que nous et nos sujets puissions arriver heureusement à la dernière fin, pour laquelle nous avons touts été créés : Car tel est notre plaisir.

Donné à Saint-Germain en Laye, le dixième jour de février, l'an de grace mil six cent trente huit et de notre regne le vingt-huit.

Signé LOUIS.

Et sur le replis, Par le Roi, SABLET.

Et scellée sur double queue de cire jaune.

DÉCLARATION
DU ROI LOUIS XIV.

LOUIS, par la grace de Dieu, Roy de France et de Navarre : à touts ceux qui ces présentes lettres verront, SALUT.

Le défunt Roy, notre très honoré seigneur et père, a si heureusement éprouvé, comme il est utile à un prince chrétien, pour le gouvernement de ses peuples, de se fortifier de la grace de Dieu, et d'en demander l'effet par les prières; qu'il n'a cessé, durant sa vie, d'implorer sa miséricorde et son secours en toutes ses entreprises, par l'intercession de sa très-sainte mère la Vierge Marie, qu'il choisit pour protectrice spéciale de son royaume, et voulut, par une déclaration solennelle du 10 février 1638, lui consacrer sa personne, son État et ses sujets, et offrit ensuite, sur l'autel de l'église métropolitaine de notre bonne ville de Paris, sa couronne et son sceptre, ayant ordonné que, touts les ans, le jour et fête de l'Assomption, il serait fait une commémoration d'une intention si sainte et si pieuse, en toutes les églises, tant à la grand-messe qu'aux vêpres, par une procession générale, à laquelle sont invités et doivent se trouver et assister les Compagnies souveraines et les principaux officiers des villes. Ce qui a été pratiqué avec tant de zèle, et la gloire en est retournée à Dieu, et toutes sortes de prospérités et avantages sur notre royaume, dont l'énumération est réservée à l'histoire, qui sera pleine des prodiges et succès miraculeux qui ont abbatu l'orgueil de nos ennemis; et comme la reine régente, notre très-honorée dame et mère, qui a pour patrone sainte Anne, mère de Notre-Dame, a toujours eu pour elle des sentiments très-particuliers de vénération, et qu'elle nous a aussi donné les mêmes impressions de dévotion, qui seront accrués avec notre âge, nous ne pouvons pas davantage différer de renouveller de semblables vœux à l'honneur de la très-sainte Vierge, à l'intercession de laquelle nous croyons être redevable des faveurs et bénédictions du Ciel, lesquelles ont continué en touts les événements considérables de notre règne, par plusieurs batailles gagnées sur nos ennemis, qui nous ont produit ensuite les conquêtes de plusieurs de leurs villes les plus importantes, tant en Flandres qu'en Allemagne et Italie ; et même nous avons depuis peu remarqué une protection plus spéciale de cette Reine des Anges, en ce que touts les orages qui se sont élevés depuis deux ans au dedans de ce royaume, et qui sembloient le menacer d'une subversion, ont été appaisés et dissipés avec tant de promptitude et de bonheur, qu'aujourd'hui le calme est établi dans toutes nos provinces, et de toutes parts on est venu nous rendre toutes les protestations de respect, d'obéissance et de fidélité, si bien que nous avons lumière des faveurs célestes que nous avons reçues en tant d'occasions. Nous voulons témoigner les mêmes reconnoissances, et faire pareilles soumissions de nous et de notre couronne à la sainte Vierge, espérant de jouir long-temps des effets d'une si forte protection, pour laquelle mériter, nous avons, en présence de ladite dame reine et régente, notre très-honorée dame et mère, confirmé et confirmons par ces présentes signées de notre main, l'observation des mêmes suffrages, processions et solemnités cy-devant ordonnés au jour et fête de l'Assomption, par lesdites lettres-patentes en forme de déclaration, ledit jour 10 février 1638, cy-attachées sous le contre-scel de notre chancellerie : Promettons de cœur et d'affection d'y assister annuellement en personne, autant qu'il nous sera possible, pour y rendre nos actions de graces à notre Seigneur Jésus-Christ, et afin de faire concourir les prières de nos peuples avec nos bonnes intentions. Nous exhortons le sieur Archevêque de Paris, et néantmoins lui mandons de continuer à faire la commémoration de la précédente déclaration et de la présente à la grand-messe, qui se dira en son église métropolitaine ; et qu'après les vêpres dudit jour, il soit fait la procession, à laquelle assisteront toutes les Compagnies souveraines et le Corps-de-ville ; et que pareilles choses soient faites en toutes les églises paroissiales,

(17)

et en celles des monastères de sa jurisdiction : Exhortons aussi, et néantmoins enjoignons à touts les Archevêques et Evêques de notre royaume, de faire célébrer les mêmes solemnités en leurs églises épiscopales, et en toutes les autres de leur diocèse ; sont et seront invités les Compagnies souveraines et Officiers principaux des villes à faire admonetter un chacun d'avoir une dévotion particulière à la Vierge, d'implorer en ce jour sa protection, et redoubler l'ardeur de leurs prières pour implorer par celle de son Fils, notre rédempteur, la paix que nous souhaitons avec passion de procurer à nos peuples, pour lesquels avons tant d'amour, que nous voyons avec sentiment de douleur leurs souffrances, et réclamons en toute humilité la puissance et la bonté de Dieu, qui seul nous peut donner les moyens de les soulager.

MANDONS et ordonnons à touts nos autres Officiers, justiciers et sujets, ainsi qu'à chacun d'eux il appartiendra, de faire observer le contenu en ces présentes, et y tenir soigneusement la main : Car tel est notre plaisir. En témoin de quoi nous y avons fait mettre notre scel ; et voulons qu'aux copies duement collationnées foi soit ajoutée comme à l'original.

Donné à Dijon, le jour et fête de l'Annonciation de Notre-Dame, le vingt-cinquième jour de mai, l'an de grace mil six cinquante, et de notre règne le septième.

Signé LOUIS.

Et sur le repli : Par le Roi et la Reine Régente sa mère, présente, DE LOMÉNIE.

Et scellé en queue du grand sceau de cire jaune.

B

LETTRE DE LOUIS XV.

DE PAR LE ROI.

Comme le premier et le plus essentiel devoir des souverains est de faire régner, dans leurs Etats, l'Etre suprême, par qui règnent touts les Rois de la terre, ils ne peuvent donner des marques trop publiques et trop éclatantes de leur parfaite soumission à la divine majesté; et comme c'est d'elle seule qu'ils tiennent toute leur autorité, ils ne doivent pas se contenter des hommages qu'ils lui rendent en personne, ils doivent encore encourager leurs sujets à concourir avec eux, pour lui marquer leur reconnoissance des bienfaits continuels qu'ils reçoivent de sa bonté. Pénétré de ces principes, nous n'avons rien eu plus à cœur depuis notre avénement à la couronne, que de maintenir, dans toute leur étendue, les établissements formés par la piété de nos ancêtres. Il n'en est guères de plus respectable, que le vœu solennel de Louis XIII, de glorieuse mémoire. Ce Prince, rempli des sentiments de la plus solide dévotion, avoit éprouvé tant de fois les secours visibles du Ciel, soit dans le temps que son royaume fut agité par les troubles que l'hérésie entraîne nécessairement avec elle, soit dans les guerres suscitées par la jalousie de ses voisins, qu'il crut ne pouvoir donner un témoignage plus authentique de sa reconnoissance et de sa dévotion pour la très-sainte Vierge, qu'en mettant son royaume sous sa protection. Louis XIV, de glorieuse mémoire, notre très-honoré seigneur et bisayeul, a suivi les mêmes principes, et a ressenti pendant tout le cours de son règne, des effets signalés de cette puissante protection, et comme nous ne pouvons suivre de plus grands exemples, que ceux de ces deux augustes prédécesseurs, nous voulons que, cette année, qui est la centenaire depuis que notre royaume reconnoît la Mère de Dieu pour sa patrone spéciale, soit en même temps l'époque du renouvellement, que nous faisons, de ce même établissement. C'est pourquoi je vous fais cette lettre, pour vous dire que mon intention est que, le matin du dimanche qui précédera le quinze août prochain, jour de l'Assomption de la très-sainte Vierge, vous fassiez faire commémoration de la déclaration de Louis XIII, du 10 février 1638, dans votre église métropolitaine et autres de votre diocèse, et qu'après les vêpres du jour de l'Assomption, il soit fait une procession avec toute la splendeur qu'il se pourra, à laquelle assisteront toutes les Compagnies supérieures et tous les Corps de ville, avec pareilles cérémonies que celles qui s'observent aux processions générales ; ce que je veux être fait en toutes les églises tant paroissiales que des monastères des villes, bourgs et villages de mon royaume, ainsi qu'il est plus particulièrement expliqué dans ladite déclaration, que je veux être observée exactement.

A Compiègne, le 21 juillet 1738.

Nota. La Lettre aux Cours souveraines, au Corps-de-ville, et au Gouverneur de Paris, est absolument la même, excepté depuis le mot : *C'est pourquoi.* Et alors elle poursuit ainsi :

C'est pourquoi nous écrivons aux Archevêques et Evêques de notre royaume de faire faire la procession accoutumée, avec toute la splendeur qu'il se pourra, dans toutes les églises de leurs diocèses, et vous faisons cette lettre, pour vous mander et ordonner d'assister en corps et en robes de cérémonie, à celle qui sera faite dans l'église métropolitaine de notre bonne ville de Paris, et de tenir la main à ce que notre intention sur cela soit remplie.

A Compiègne, le 1er. août 1738.

On sait maintenant ce que c'est que le Vœu de Louis XIII. Nul doute qu'il ne soit le fruit de sentimens et de pensées bien différens de tout ce qu'on a imaginé. Qui pourrait ne pas y admirer l'essor d'une ame royale et chrétienne ? Qui n'aimera cette ardeur religieuse et guerrière d'un roi français, vivement épris de l'honneur national, et fier de l'intérêt que le ciel prend à la conservation et à la gloire de la France.

Dieu a fait voir à toutes les nations, s'écrie Louis XIII, *que comme sa providence a fondé cet Etat, sa bonté le conserve, sa toute-puissance le défend :* voilà le bienfait, motif de reconnaissance toujours plus profondément sentie par un roi. Mettre, en conséquence, la couronne de France, et dans la personne de Louis XIII, celles de tous ses rois à venir, sous la protection spéciale de l'auguste Mère de Jésus-Christ ; lui dédier et consacrer la France, et vouloir que, chaque année, la France et son roi renouvellent cette consécration : tel est le Vœu (9). Afin *que la Reine du ciel obtienne toujours aux Rois de*

---

(9) C'est par suite de cette idée que les cours souveraines de Paris n'assistaient à la procession du chapitre métropolitain de Notre-Dame, qu'en vertu de lettres closes expédiées de nouveau chaque année, et qu'un détachement de la Maison du Roi se rendait de Versailles à Paris, pour border la haie.

France une sainte et habile conduite, et que, soit en paix, soit en guerre, ce royaume ne sorte jamais des voies de la grace qui conduisent à celles de la gloire. Intention sublime! et Louis XIII reconnaît la protection particulière du ciel dans la cessation des troubles survenus pendant sa minorité; dans la non-réussite des trahisons de quelques personnages de sa famille; dans le bonheur d'avoir arraché la France aux déchiremens de l'hérésie; dans l'heureuse issue de la guerre d'Italie; dans les succès de celle qui durait encore, et où les Espagnols, après avoir pénétré presque jusqu'aux portes de Paris, venaient, ainsi que leurs alliés, d'être battus partout et vaillamment repoussés; enfin Louis XIII ne dit pas un mot qui ait le moindre rapport avec ce qu'on suppose avoir été le motif de son Vœu; il serait difficile, après cela, de soutenir le système que nous avons cru devoir combattre.

Si cependant on n'était pas encore convaincu, nous prierions nos lecteurs de réfléchir sur le langage que, douze ans seulement après, Anne d'Autriche faisait tenir à Louis XIV encore mineur. Ceci semble décisif. Comment supposer que la régente ne connut point les véritables motifs du Vœu de Louis XIII, ou qu'elle souffrît qu'on les oubliât? Et Louis XV, *rappellant les secours visibles que Louis XIII avait reçus du ciel,* cite-t-il la grossesse d'Anne d'Autriche, ou la naissance de Louis XIV ? (10)

Au reste l'erreur, dont nous nous plaignons, n'eut jamais prévalu, si une injonction formelle de Louis XIII, renouvellée par Louis XIV et Louis XV, avait été fidèlement exécutée. Louis XIII ordonne, en effet, que chaque année, dans toutes les églises, le jour et fête de l'Assomption, il soit fait à la grand-messe *commémoration*, c'est-à-dire, *lecture* de sa déclaration (11). Louis XIV recom-

---

(10) Anne d'Autriche avait fait elle-même dans le temps, et fait faire par un grand nombre de personnes pieuses, des prières et des vœux pour obtenir la grace de devenir mère d'un Dauphin. Son vœu à Notre-Dame de Lorette est particulièrement connu par la richesse de l'ex-voto. Aux pieds de la statue de la sainte Vierge, révérée dans cette chapelle, chambre autrefois de Marie à Nazareth, s'il faut en croire certaine tradition, un ange d'argent offrait dans un plat de vermeil un enfant d'or, le tout, dit-on, du poids de Louis XIV au moment où il vint au monde. Anne d'Autriche avait encore, le 9 octobre 1639, en action de grace de la naissance de Louis XIV, suspendu, dans le chœur de l'église de Notre-Dame de Paris, un magnifique lampadaire d'argent du poids de trois cent vingt marcs, et ayant cinq pieds *de diamètre*, selon l'auteur de la Description historique des Curiosités de l'Eglise de Paris, dimension énorme que nous serions bien tenté de réduire à cinq pieds de circonférence. Au reste, dans les malheurs de la guerre terminée en 1763, ce lampadaire fut porté à la Monnaie. N'est-il pas probable qu'on se sera accoutumé à donner au Vœu de Louis XIII les mêmes motifs qu'Anne d'Autriche donnait publiquement à sa dévotion reconnaissante ?

(11) Nous traduisons le mot *commémoration* par celui de *lec-*

mande que la sienne soit lue conjointement ; et Louis XV veut que cette lecture ait lieu à la grand-messe du dimanche précédent, afin, sans doute, que le peuple, averti d'avance du motif particulier de piété nationale uni à la fête de l'Assomption de la sainte Vierge, se porte et se prépare à la célébrer avec plus de ferveur. Eh bien ! il paraît certain que jamais cette déclaration de Louis XIII ne fut ainsi, chaque année, publiée de nouveau à Paris ni ailleurs. Cependant cette *commémoration* aurait dû être regardée comme d'autant plus indispensable et nécessaire, qu'expressément ordonnée, elle était, au fond, le plus facile moyen d'instruire le peuple sur l'origine et le but de la cérémonie du 15 Août. L'omission de cette formalité essentielle empêcha toujours de saisir l'esprit de la déclaration du 10 février 1638. D'où

---

ture, parce qu'au fond l'intention très-judicieuse de Louis XIII était qu'on annonçât chaque année au peuple, qu'en conséquence de la déclaration du roi Louis XIII, du 10 février 1638, motivée sur ce que.... etc.... et par laquelle ce monarque avait.... etc....., où ferait le soir après Vêpres, ainsi qu'il l'avait établi à perpétuité, une procession solennelle à l'intention de..... etc....., et que la piété chrétienne devait, dans cette circonstance, s'unir au patriotisme français, pour offrir et consacrer de nouveau la France à la très-sainte Vierge, suppliant cette mère de Dieu, de.... etc.... Or, pour dire tout cela, qu'y avait-il de mieux que de lire la déclaration de Louis XIII ?

sont nées les fausses opinions sur l'origine du Vœu de Louis XIII.

Ainsi s'altèrent les plus belles institutions; et celle-ci méritait de n'être pas méconnue. Sous quelque rapport qu'on l'envisage, en effet, elle se montre grande et utile. Etendre l'influence salutaire des principes religieux; lier plus intimement les hommes à la divinité; les frapper de l'idée que le ciel s'associe volontiers à leurs glorieuses entreprises; introduire dans une monarchie, ces fêtes pieuses et politiques, où autrefois l'alliance entre Dieu et son peuple chéri était solemnellement renouvellée; vouloir que la nation française se mettant, de nouveau, chaque année, sous la protection spéciale de la très-sainte Vierge, se consacre ainsi davantage au culte le plus touchant et le plus pur; ce n'est point là une pensée sans profondeur et sans génie. Sur-tout lorsqu'à l'aide d'un acte religieux vers lequel tous les cœurs s'empressent, on épure et on exalte les sentimens et les pensées d'un peuple ardent, mais léger; on l'anime à tous les genres de biens, de gloire et de vertu; on lui persuade qu'objet des soins particuliers de la providence, il est placé et maintenu par elle pour être constamment, au milieu des nations, modèle et principe de civilisation.

Or, toutes ces intentions se trouvent dans la déclaration de Louis XIII. Elles constituent l'essence de son vœu. Autant qu'il était en lui, ce prince s'est donc ainsi acquitté, envers Dieu et la France, de son devoir de roi. Excellent esprit, plein de pensées, ambitieux de gloire et de bonheur pour son royaume ; mais timide, faible, aimant trop la vie privée, Louis XIII voulut que la France, objet de jalousie des autres nations, demeurât toujours catholique et prépondérante. Il crut ne pouvoir mieux lui assurer ces avantages, qu'en la mettant sous la protection spéciale de la très-sainte Vierge. Peut-être aussi, Louis XIII, contrarié sans cesse, souvent mélancolique, quelquefois sombre, pressentait-il que la vie lui échapperait bientôt (12). L'état dans lequel il laisserait la France, l'affligeait profondément. Sa mère, ses frères, la reine, si peu attachés au véritable bien du royaume ! Tant de mécontens au dedans, tant d'ennemis au dehors ! Que de malheurs dans cet avenir ! Louis XIII invoque alors un secours surnaturel. Il s'efforce d'intéresser la reine du ciel à la conservation de la France ; et, si nous osons nous exprimer ainsi, il fait contracter à ses sujets alliance éternelle avec la sainte Vierge, comme le plus sûr moyen d'obtenir du ciel ce qu'il desire pour eux. (13)

---

(12) Louis XIII mourut cinq ans après, le 4 mai 1643, âgé seulement de 42 ans.

(13) Il ne sera peut-être pas inutile de rappeller ici, qu'en 1638

Tel est le véritable point de vue, sous lequel il faut envisager l'établissement de Louis XIII. On est forcé alors, d'y reconnaître un but précieux. Ce vœu devient ainsi doublement cher aux Fran-

---

le christianisme s'éteignit au Japon par la plus cruelle persécution, qui tient encore cet empire fermé aux nations chrétiennes. Ce rapprochement nous a toujours frappé, et après l'avoir fait remarquer à nos auditeurs dans un discours prononcé il y a trois ans, à la cérémonie du jour de l'Assomption, nous continuâmes en ces termes, en parlant du Vœu de Louis XIII :

« Les Français ne comprirent point l'intention de la Providence. Ils furent loin de soupçonner le second but éloigné qu'elle se proposait. Ils ne virent dans cette consécration qu'une simple cérémonie, et, n'en concevant rien pour l'avenir, ils répétèrent peut-être qu'elle ne procurerait à la France, ni plus de paix et de bonheur, ni plus de vertu dans ses princes, ni plus de piété parmi le peuple. Mais ce qu'ils n'apperçurent point alors frappe aujourd'hui les yeux.

» O justice ! ô miséricorde du Dieu de nos pères ! dans les éternelles clartés de sa divine prescience, ce Dieu a vu les Français s'élever, durant la seconde période du dix-septième siècle, au premier rang entre les peuples, au plus haut point de la civilisation, à la suprématie des arts, des talens et du génie ; mais indignes bientôt de si grands bienfaits et de tant de gloire, se traîner, pendant presque tout le cours du dix-huitième siècle, dans la fange des voluptés, pleins d'adultères et d'amours impudiques. Il les a vus abuser alors des plus vives lumières, apporter le libertinage et l'irréligion dans les sciences, et se croire philosophes ; rougir du christianisme de leurs ayeux, refuser de fléchir devant le Créateur, et se croire philosophes ; repousser la morale, caresser l'athéisme, sourire au néant, s'assimiler à la vile matière, et se croire philosophes ; s'abandonner aux rêves de leur imagi-

çais. Et dans les circonstances présentes, avec quelle ardeur y serons-nous fidèles ! Nous avons à remercier de tant de bienfaits, et tant de nouvelles faveurs à demander ! Après avoir vu le cul-

---

nation, aux desirs de leur cœur, répéter partout que les jouissances charnelles sont le bonheur de l'homme, et se croire philosophes ; vivre comme les animaux stupides uniquement pour le corps et les sens, voués à cette terre périssable, sans pensée immortelle, sans espérance d'un ordre meilleur, et se croire philosophes ; appeller préjugés odieux et ridicules les mœurs et les lois, l'autorité et les gouvernemens, les remords du crime, les célestes contentemens de la vertu, et se croire philosophes : enfin par tous les faux brillans de leur bel esprit, travailler à dégoûter le genre humain de toute religion, de toute vertu, de tout ordre social, et se croire philosophes !

» L'immuable Justice sera donc obligée d'humilier et de châtier les Français. Un mémorable exemple deviendra nécessaire. La Providence universelle doit instruire et prémunir les générations futures. Dieu abandonnera la France, cette belle portion de l'univers civilisé, au gouvernement de ses prétendus philosophes. Hélas ! ils l'auront bientôt remplie de désordres et de crimes, de destruction et de larmes, de désespoir et de sang.... La religion de J. Ch. ne sera que trop vengée !

» Mais une terre si fertile autrefois en vertus, la patrie de tant de saints, le trône de Clovis, de Charlemagne et de St. Louis, réclament et méritent de n'être pas entièrement et pour jamais abîmés et perdus ; et afin que la miséricorde, excitée à son tour, vienne sauver cette malheureuse France et l'arracher à ses propres fureurs, depuis long-temps la Reine du Ciel intercédera pour elle et la couvrira de sa puissante protection.

» Dieu prépare aussi par-là une consolation intérieure et abondante à ceux qu'il s'est réservés fidèles dans ces jours désastreux.

te de nos pères détruit et proscrit, remplacé d'abord par une sorte d'idolâtrie, cédant ensuite à la plus apathique indifférence, nous nous retrouvons cependant chrétiens purs, catholiques zélés.

Hélas! ils souffriront horriblement, ils périront d'une manière affreuse par l'injustice atroce et l'égarement cruel de leurs concitoyens; mais leurs maux n'auront pas au moins la désolante perspective du plus grand des malheurs pour leur patrie. Au contraire, par leur résignation et leurs prières ils entreront en part de sa délivrance : ils en hâteront même le moment. Elle ne doit pas périr en effet; elle n'est pas rejettée et maudite de Dieu; la foi ne lui sera pas enlevée comme à tant d'autres régions jadis chrétiennes et florissantes, maintenant idolâtres et barbares; la mère de J. Ch. s'intéresse et prie pour elle.

" Telles se montrent évidemment à l'homme religieux et réfléchi, les vues de la Providence dans cette consécration particulière de la France au culte de Marie : tels les desseins propices de Dieu, lorsque sa grace inspira la pensée de trois de nos rois. Ainsi sont en même-temps préparés dans le ciel les châtimens et les consolations de la terre : ainsi la miséricorde divine se plaît toujours à rassurer d'avance les mortels sur les suites des terribles fléaux mérités par leurs crimes, et prêts à fondre sur eux : de même que le premier homme reçut la promesse consolante du Rédempteur avant d'entendre l'arrêt qui le chassa du paradis terrestre. Ainsi à des mystères de bienfaits et d'ingratitude, sont opposés des mystères de justice et de grace. Ainsi la foi juge mieux les événemens humains, en découvre plutôt le véritable principe et les causes réelles. Les supplications religieuses ont donc des rapports intimes avec la destinée des empires; et la prière du juste sauve le monde. Le commun des hommes conçoit peu cet ordre ineffable de choses. Les génies d'ici-bas, écrivains fameux, politiques habiles, vaillans guerriers, princes puissans,

Après que le caractère français a paru dénaturé, souillé de férocité et de perfidie, l'honneur, la franchise, la décence, l'aménité sont revenues parmi nous. Après que, dans des fureurs régicides, haine fut jurée à la royauté, serment fait de ne jamais la rétablir, cette forme sage de gouvernement, seul principe de l'existence sociale des nations, a reparu en France, relevée par ceux mêmes qui l'avaient abattue, et heureusement restituée à cette antique famille, dont, depuis tant de siecles le caractère distinctif est de n'avoir jamais abusé du pouvoir. Eh! quel Français peut douter que sa patrie ne soit redevable à la protection spéciale de la très-sainte Vierge, de cette restauration du culte catholique, de ce rétablissement de la monarchie, du retour des Bourbons (14)?

---

irrésistibles conquérans, croient avoir seuls tout fait. Ils s'attribuent l'honneur de leurs pensées, la gloire de leurs exploits. Par leurs savantes combinaisons, leurs plans profondément conçus, brillamment exécutés, ils s'imaginent avoir forcé les événemens, dompté les résistances, courbé le sort des nations; tandis qu'ils accomplissent seulement sur la terre ce que les saints ont obtenu dans le ciel; et, comme dit l'éloquent évêque de Meaux, qu'ils prêtent, sans le savoir, leurs mains à la justice ou à la miséricorde divine, etc. etc. »

(14) Massillon, dans son sermon pour la fête de l'Assomption, s'exprime ainsi :
« Les villes et les empires se mirent sous la protection puissante
» de la très-sainte Vierge. De saintes sociétés assemblées à son

Ce dernier événement surtout ne paraîtra-t-il pas toujours évidemment amené par une influence extraordinaire ? Le ciel ne semble-t-il pas avoir tout fait ? Que ceux qui, dans les événemens humains, dans les révolutions des empires, ne voyent que l'homme, et jamais Dieu, se fatiguent à expliquer, par le pénible agencement des causes secondes, le dénouement dont nous venons d'être témoins. Les grandes pensées religieuses découvriront plutôt les véritables ressorts. Elles perceront bien mieux tous les secrets. O sujet profond de méditations chrétiennes et politiques ! La Fran-

---

» nom, et dévouées à son culte, s'élevèrent de toutes parts : les
» fléaux publics cessèrent par les vœux et les hommages qu'on
« lui adressa : nos villes et nos provinces, frappées de la main de
» Dieu, virent tomber par son entremise, le glaive qui les châ-
» tioit ; et un de nos rois, dont la mémoire nous sera toujours
» chère, parce qu'il fut un roi juste et clément, fit pour immor-
» taliser le souvenir d'un bienfait si signalé, un hommage public
» à cette Reine des cieux, de tout son royaume qu'elle venoit de
» conserver et de délivrer de la plaie, qui sembloit annoncer sa
» désolation et sa ruine. »

Le Père Neuville, dans son panégyrique de la sainte Vierge, s'écrie :

« Rappelez-vous les jours de nuage et de désolation qui virent
» la France armée contre la France, sapper de ses propres mains
» les fondemens de cet empire vainqueur de tant de siècles : l'hé-
» résie, assise sur les débris fumans de nos temples et de nos
» provinces, bravoit insolemment les foudres de l'Eglise et le
» tonnerre de nos Rois. Elle appelloit l'étranger à son secours,

ce est donc impérissable. Royaume classique, elle existe pour instruire les peuples et les rois. Son esprit religieux, son goût dans les arts, sa littérature et sa politesse servaient depuis long-tems de leçon. Sa révolution, ses excès et ses malheurs resteront éternellement une leçon. Ses victoires, ses conquêtes, ses imprudences et ses revers ont donné une grande leçon; et, dans ce moment, la modération, la sagesse et la prudence de son roi sont aussi une leçon.

Que, dans tout le Royaume, la fête prochaine de l'Assomption soit donc célébrée avec enthousiasme; que par un mouvement général de re-

---

» et pour le récompenser de lui avoir vendu sa foi, elle lui ven-
» doit nos vies et nos libertés.

» Dans ce péril commun de la religion et du trône, Louis-le-
» Juste invoque Marie; Marie parle; les vents et les flots dé-
» chaînés dispersent les flottes redoutables qui nous amenoient le
» ravage et la servitude; les remparts des villes tombent à l'as-
» pect de nos légions triomphantes; la discorde et l'erreur cou-
» rent reporter, dans les régions d'où elles étaient venues, leurs
» fureurs et leurs attentats sanguinaires. Le monarque reconnois-
» sant vient se prosterner aux pieds de Marie; lui consacrer le
» Roi et le Royaume; lui jurer au nom de son auguste postérité
» et de ses sujets une fidélité éternelle. »

Ces deux orateurs embrassent tous les événemens antérieurs à 1638. Ils rappellent principalement la défaite de la flotte anglaise en 1627, et la prise de la Rochelle en 1628. Bourdaloue, dans son discours sur la dévotion à la sainte Vierge, parle du Vœu de Louis XIII, mais ne fait allusion à aucun évènement particulier.

connaissance et de piété, mêlant de solemnelles actions de graces aux plus instantes prières, les cantiques de joie aux protestations de dévouement et de fidélité, la France renouvelle le Vœu de Louis XIII, et se consacre de nouveau à la très-sainte Vierge. Chaque chrétien pieux, dit un saint français et d'un esprit très-remarquable (15), chaque chrétien pieux est assuré d'obtenir ce qu'il demande, par la touchante médiation de la mère de J. C. Quelle toute-puissante efficacité dans les supplications d'un peuple entier prosterné au même instant aux pieds de sa bienfaisante protectrice, demandant par elle à J. C., et par J. C., au Dieu saint et immortel, de lui conserver la religion de ses pères, de lui conserver sa gloire nationale, de lui conserver son Roi !!!

Il est d'usage de chanter à la procession du jour de l'Assomption, le pseaume XIX. C'était celui par lequel les Hébreux imploraient la protection du Seigneur, lorsque leurs rois partaient pour la guerre. Le pseaume XX rendait graces au Très-haut des victoires remportées. Ce dernier semble particulièrement applicable aux circonstances présentes. Nous les donnons tous deux ici avec une traduction nouvelle. Nous avions eu

---

(15) Saint Bernard.

d'abord la pensée de rendre notre paraphrase plus directe ; d'y faire parler les Français, et par conséquent d'y exprimer, dans les idées conformes, les sentimens de la piété chrétienne. Mais nous avons préféré de laisser à ces pseaumes leur couleur antique ; d'autant que les interprêtes s'accordent à y découvrir un sens allégorique, se rapportant au Messie. Nous avons suivi uniquement le sens littéral.

PSEAUME XIX.

Exaudiat te Dominus in die tribulationis : * protegat te nomen Dei Jacob.

Mittat tibi auxilium de sancto, * et de Sion tueatur te.

Memor sit omnis sacrificii tui ; * et holocaustum tuum pingue fiat.

Tribuat tibi secundùm cor tuum, * et omne consilium tuum confirmet.

Lætabimur in salutari tuo, * et in nomine Dei nostri magnificabimur.

O Notre Roi ! puisque vos ennemis renouvellent leur guerre injuste, veuille le Seigneur exaucer vos nobles desirs de gloire ; puisse le nom du Dieu de nos pères protéger vos armes !

Lui-même du haut du ciel, que ce Dieu soit votre défense et votre secours !

Qu'il se souvienne de votre piété, et que l'hommage de votre couronne lui soit un holocauste agréable !

Qu'il comble tous les vœux de votre cœur, et assure le succès de vos belliqueux desseins !

Double sujet de joie pour votre peuple, un jour, d'applaudir à vos victoires, et de voir le nom de son Dieu ainsi glorifié parmi les nations.

C

Que ce Dieu accomplisse donc tous vos souhaits, et nous nous écrierons avec enthousiasme : Les nations doivent reconnoître aujourd'hui que le Seigneur protège notre roi.

Oui, du haut des cieux, le Seigneur exaucera toujours notre roi; pour sa défense, le Seigneur fera toujours éclater les merveilles de son bras.

Ils se confioient dans la multitude de leurs chevaux et de leurs charriots de guerre; et nous! nous marchions au nom de notre Dieu.

Aussi, comme embarrassés dans des filets, ils sont tombés dans la poussière, tandis que notre attitude fut celle de la valeur et du triomphe.

Conservez, Seigneur, conservez notre roi, et exaucez-nous toujours, lorsque nous vous invoquerons pour lui.

Gloire à Dieu, Père, Fils et Saint-Esprit.

Comme elle lui appartient de toute éternité, et comme tous les êtres la lui rendent, et la lui rendront sans cesse pendant tous les siècles à venir.

Ainsi soit-il.

Impleat Dominus omnes petitiones tuas : * nunc cognovi quoniam salvum fecit Dominus Christum suum.

Exaudiet illum de cœlo sancto suo : * in potentatibus salus dexteræ ejus.

Hi in curribus, et hi in equis : * nos autem in nomine Domini Dei nostri invocabimus.

Ipsi obligati sunt et ceciderunt : * nos autem surreximus, et erecti sumus.

Domine, salvum fac Regem; * et exaudi nos in die quâ invocaverimus te.

Gloria Patri, et Filio, et Spiritui sancto.

Sicut erat in principio, et nunc, et semper, et in secula seculorum.

Amen.

PSEAUME XX.

DOmine, in virtute tuâ lætabitur rex : * et super salutare tuum exultabit vehementer.

Desiderium cordis ejus tribuisti ei, * et voluntate labiorum ejus non fraudasti eum.

Quoniam prævenisti eum in benedictionibus dulcedinis : * posuisti in capite ejus coronam de lapide pretioso.

Vitam petiit à te ; * et tribuisti ei longitudinem dierum in seculum et in seculum seculi.

Magna est gloria ejus in salutari tuo : * gloriam et magnum decorem impones super eum.

Quoniam dabis eum in benedictionem in seculum seculi : * lætificabis eum in gaudio cum vultu tuo.

Quoniam rex sperat in Domino, * et in misericordiâ Altissimi, non commovebitur.

Inveniatur manus tua

SEigneur, ce que votre puissance vient d'opérer en faveur de notre roi, sera l'objet constant de sa reconnoissance. Notre roi publiera hautement qu'il vous doit la conservation de son trône.

Vous avez comblé le désir de son cœur ; plus qu'il n'osoit l'espérer, vous avez exaucé sa prière.

La plénitude de vos bénédictions s'est répandue sur lui, et votre miséricordieuse bonté a affermi sur sa tête la plus brillante couronne.

Non seulement, à sa demande, vous avez conservé sa vie ; mais encore vous l'avez rempli d'un éclat qui ne périra jamais.

Cette visible protection sera sa gloire, et vous y ajouterez sans cesse de nouveaux bienfaits.

Vos bénédictions le suivront même au-delà du tombeau ; après cette vie il sera admis à la contemplation de votre gloire immortelle.

Notre roi, en effet, mit toujours son espoir dans la miséricorde du Très-haut, espoir qui n'est jamais déçu !

Ses ennemis sont les vôtres,

Seigneur ; que votre bras s'appesantisse sur eux, et punisse leur révolte et leur haîne !

Oui, au jour de vos jugemens, vous les précipiterez dans un feu éternel ; épouvantés de votre colère, ils seront dévorés par les flammes.

Vous effacerez la trace de leur puissance ; et leur postérité disparoîtra de la terre.

Egarés dans des projets insensés, ils avoient rejetté sur vous les maux dont ils étoient auteurs.

Ils avoient cru pouvoir se dérober à votre vengeance ; ils s'étoient flattés d'échapper aux traits de votre justice.

Manifestez donc, Seigneur, votre force et votre grandeur. Nous chanterons, nous bénirons alors votre souverain pouvoir.

Gloire à Dieu, Père, Fils et Saint-Esprit.

Comme elle lui appartient de toute éternité, et comme tous les êtres la lui rendent, et la lui rendront sans cesse pendant tous les siècles à venir.

Ainsi soit-il.

omnibus inimicis tuis : * dextera tua inveniat omnes qui te oderunt.

Pones eos ut clibanum ignis in tempore vultûs tui ; * Dominus in irâ suâ conturbabit eos ; et devorabit eos ignis.

Fretum eorum de terrâ perdes, * et semen eorum à filiis hominum ;

Quoniam declinaverunt in te mala : * cogitaverunt consilia quæ non potuerunt stabilire.

Quoniam pones eos dorsum : * in reliquiis tuis præparabis vultum eorum.

Exaltare, Domine, in virtute tuâ : * cantabimus et psallemus virtutes tuas.

Gloria Patri, et Filio, et Spiritui sancto.

Sicut erat in principio, et nunc, et semper, et in secula seculorum.

Amen.

PRIÈRE A LA TRÈS-SAINTE VIERGE, particulièrement indiquée pour être chantée à la Procession du Jour de l'Assomption.

Sub tuum præsidium confugimus, sancta Dei Genitrix;

Nostras deprecationes ne despicias in necessitatibus;

Sed à periculis cunctis libera nos semper, Virgo gloriosa et benedicta !

Sainte Mère de Dieu, nous nous mettons avec empressement et confiance, sous votre puissante protection.

Ah! dans nos calamités et nos besoins, ne rejettez jamais notre prière.

Daignez toujours, ô Vierge comblée des bénédictions de la terre et de tant de gloire dans les cieux, daignez toujours nous obtenir d'échapper heureusement à tous les malheurs qui nous menacent !

PRIÈRE à la dévotion de chaque Fidèle, qui y ajoutera les intentions que la crainte d'être trop long a empêché d'exprimer ici, comme pour le Roi et la Famille royale, les deux Chambres législatives, toutes les Administrations du Royaume, l'Eglise gallicane, et enfin N. S. P. le Pape, chef de l'Eglise catholique.

O MARIE! aussi véritablement reine de l'univers que J. Ch. votre Fils en est le Dieu ; la France, en ce jour, se met de nouveau sous votre puissante protection. Elle renouvelle le vœu d'un de ses rois, qui avait voulu que ce royaume fût toujours triomphant et heureux. Hélas! si des troubles funestes, si des désastres accablants, si de grands revers ont désolé notre patrie, nous devons ne nous en prendre qu'à nous-mêmes. Nous n'avions plus voulu, pour ainsi dire, être protégés par vous ; nous nous étions livrés à une trompeuse philosophie qui nous a perdus. Comme si une nation ne pouvait être chrétienne et en même tems forte, puissante, glorieuse, aimable, polie! Comme si les sciences, les arts et l'industrie ne fleurissaient dans un empire qu'avec l'irréligion et les mœurs licencieuses! Ah! nous reconnaissons que votre médiation ne nous abandonna point dans le tems où nous étions si éloignés de vous. C'en était fait de ce royaume, si vous n'aviez prié pour lui. Obtenez-nous aujourd'hui, ô notre sainte Protectrice! obtenez-nous de comprendre combien nous nous sommes égarés. Obtenez-nous d'être instruits par nos malheurs. Obtenez-nous que le véritable esprit du christianisme, cet esprit social parfait, anime désormais la France ; et que, centre de la civilisation, elle enseigne à tous les peuples et les arts et la vertu, et les sciences et la religion, et la solide piété et l'honorable gloire. Ainsi soit-il!!!

De l'Imprimerie de DEHANSY, rue St.-Paul, n°. 2.

www.ingramcontent.com/pod-product-compliance
Lightning Source LLC
Chambersburg PA
CBHW060644050426
42451CB00010B/1209